Bar au sel

- 1 bar (1,500 kg),
- 3 kg de gros sel de mer (gris de Guérande),
- 100 g de beurre,
- 1 bouquet de persil,
- 1 cuillère à café d'estragon haché,
- 3 gousses d'ail,
- Poivre,
- Sel de mer fin.

Temps de préparation : 15 min

Temps de cuisson : 35 min

Nombre de personnes : 4

Difficulté : Assez facile

Vin conseillé : Gros Plant

Préparer le poisson (l'écailler, le vider et le laver, tout en préservant les laitances et les œufs).
Bien essuyer chaque élément.

Réaliser une farce avec les laitances ou les œufs, le persil, l'estragon et l'ail, le tout haché.
Saler, poivrer copieusement. Farcir votre poisson et recoudre la partie ventrale.

Positionner votre poisson " en colère ", c'est à dire, joindre la tête à la queue, en faisant passer une ficelle à gigot à travers les ouïes et un trou, pratiqué au milieu de la partie charnue de la queue.

Dans une cocotte ronde, disposer environ trois centimètres d'épaisseur de gros sel gris.
Poser le poisson (sur le dos), sur ce lit de sel et l'enfouir totalement avec le sel restant (aucune partie du bar ne doit être visible).

Placer la cocotte, à four très chaud, pendant trente cinq minutes.
La sortir avec précaution (chaleur intense), puis la retourner sur une planche en bois.

Tapoter le fond énergiquement, pour faire détacher le bloc de sel contenant le poisson.
Casser délicatement ce bloc de sel avec un maillet de cuisine, pour dégager le bar qui apparaîtra alors cuit à point, savoureux et aucunement trop salé.

Oter la peau du poisson et disposer, dans chaque assiette préalablement chauffée, un morceau de filet de poisson et une cuillère à soupe de farce.

Accompagner de pommes de terre cuites à l'eau ou de riz légèrement relevé de safran.

Blanquette de veau

- 1,500 kg de veau (tendron, poitrine, haut de jarret),
- 2 os à moelle,
- 3 carottes,
- 2 oignons,
- 2 gousses d'ail,
- 2 cuillères à soupe de farine,
- 20 cl de crème fraîche,
- 150 g de beurre,
- 3 cuillères à soupe d'huile,
- 3 jaunes d'œufs,
- 1 bouquet garni (thym, laurier, sauge),
- 50 cl de vin blanc sec,
- Sel,
- Poivre.

Temps de préparation : 15 min

Temps de cuisson : 1 heure

Nombre de personnes : 6

Difficulté : Assez facile

Vin conseillé : Bourgueil

Dans une cocotte, faire revenir, dans un mélange de 50 g de beurre et d'huile, les morceaux de veau, au préalable salés et poivrés, avec les carottes, les oignons et les gousses d'ail.

Dès qu'ils commencent à dorer, mouiller avec le vin blanc et deux verres d'eau.

Ajouter le bouquet garni et laisser mijoter trente minutes, à feu doux.

Avec le reste du beurre et la farine, préparer dans une casserole un roux blond.

Le mouiller d'une partie du bouillon de cuisson.

Incorporer ce roux blond dans la cocotte, laisser frémir dix minutes.

Ajouter la crème fraîche.
Faire réduire à feu doux quinze minutes.

Lier la sauce, quelques instants avant de servir, avec les jaunes d'œufs, hors du feu.

Rectifier l'assaisonnement et servir avec du riz blanc, légèrement vanillé.

Bœuf bourguignon

- 1 kg de tranche maigre ou de gîte à la noix,
- 12 petits oignons,
- 2 échalotes,
- 2 gousses d'ail,
- 2 clous de girofle,
- 1 bouquet garni (thym, laurier),
- Grains de poivre.
- Sel de céleri,
- 1 litre de vin de Bourgogne rouge,
- 80 g de beurre,
- 2 cuillères à soupe de farine,
- Huile,
- Sel, poivre.

Temps de préparation : 10 min

Temps de cuisson : 1h30

Nombre de personnes : 6

Difficulté : Assez facile

Vin conseillé : Santenay ou Gevrey-Chambertin

Faire revenir, dans un mélange de beurre et d'huile, les oignons et les morceaux de viande, préalablement salés et poivrés.

Laisser dorer, puis ajouter deux cuillères à soupe de farine.
Faire blondir la farine en tournant les morceaux de viande.
Ajouter le vin et laisser bouillonner deux minutes.
Verser la même quantité d'eau.

Incorporer le bouquet garni, les clous de girofle, le sel de céleri, les grains de poivre, les échalotes et les gousses d'ail hachées.
Couvrir et cuire quatre vingt minutes.

Ouvrir la cocotte, verser si besoin un verre d'eau, selon l'épaisseur de la sauce obtenue et prolonger la cuisson de quinze minutes.

Servir, soit avec du riz blanc, soit avec des pommes vapeur.

Boudin aux pommes

Temps de préparation

10 min

Temps de cuisson

6 min

Nombre de personnes

6

Difficulté : Facile
(si le boudin est déjà préparé par votre charcutier)

Boisson conseillé : Cidre brut

<u>Pour le boudin</u> : (dans le cas où vous le faites vous même) :
1 litre de sang de porc, additionné d'1 filet de vinaigre, pour éviter une coagulation trop rapide, 300 g de lard gras, bien blanc,
1 gros oignon, 1 demi pomme, réduite en compote, 1 pincée de thym effeuillé, 1 boyau de porc, bien lavé et ramolli,
1 petit verre de calvados, Sel et poivre.
<u>Pour la compote de pommes</u> : 1,500 kg de pommes (acides et pas trop mûres), 10 morceaux de sucre, 50 g de beurre, Sel et poivre.

Pour le boudin : Brasser ensemble les éléments et en garnir l'intérieur du boyau, dont vous aurez pris soin, au préalable, de nouer l'extrémité opposée.

Tasser modérément et ligaturer l'autre bout de la chaussette ainsi formée. Cuire une demi-heure, dans une casserole d'eau bouillante salée, additionnée d'un petit verre de Calvados et d'un bouquet garni (thym, laurier).

Après la cuisson, laisser refroidir quelques heures, afin que le boudin durcisse et se tienne en forme.

Le mettre à chauffer sur le gril ou dans une poêle, après l'avoir piqué avec une fourchette.

Pour la compote : Peler les pommes et les détailler en petits morceaux dans une casserole.

Ajouter le sucre, le sel et le poivre, puis mouiller d'un verre d'eau. Tourner avec une spatule en bois et incorporer un bon morceau de beurre. Cuire environ vingt minutes, à feu doux, jusqu'à obtention d'une belle compote blonde.

Garder au chaud, le temps de griller votre boudin.

Brochettes de coquilles Saint-Jacques

- 24 coquilles Saint-Jacques,
- 4 tomates pas trop mûres,
- 2 poivrons verts,
- 1 poivron rouge,
- 3 gros oignons,
- 1 tranche de lard fumé, coupée en lamelles d'un demi centimètre d'épaisseur,
- Thym effeuillé,
- Huile d'olive,
- Un demi citron,
- Sel et poivre.

Temps de préparation : 10 min

Temps de cuisson : 10 min

Nombre de personnes : 6

Difficulté : Facile

Vin conseillé : Entre-deux-Mers

Bien nettoyer les coquilles, en ne gardant que le muscle blanc et le corail. Couper en gros morceaux les oignons, les tomates et les poivrons.

Utiliser de préférence des brochettes à section aplatie pour faciliter les retournements.

Enfiler en premier un morceau d'oignon, puis un lardon, une noix de coquille Saint-Jacques et son corail, un morceau de tomate, un morceau de poivron vert ou rouge.

Recommencer l'opération et terminer la brochette avec un solide morceau d'oignon.

Lorsque les brochettes sont prêtes, les badigeonner d'huile d'olive, les humecter d'un filet de citron, les saler, les poivrer, les saupoudrer légèrement de thym effeuillé et les disposer sur un plat de service.

Faire griller les brochettes, de préférence sur des braises (ou à défaut au gril du four) dix minutes en les retournant plusieurs fois pour assurer une cuisson régulière de tous côtés.

Servir les brochettes accompagnées d'un riz blanc.

Cake

- 150 g de beurre,
- 150 g de sucre en poudre,
- 3 œufs,
- 200 g de farine,
- 75 g de raisins secs,
- 75 g de fruits confits,
- 1 petit verre à liqueur de rhum,
- 10 g de levure de boulanger,
- 1 pincée de sel.

Temps de préparation : 15 min

Temps de cuisson : 40 min

Nombre de personnes : 6

Difficulté : Facile

Couper les fruits confits en petits morceaux.
Les faire macérer avec les raisins secs dans une quantité égale de rhum et d'eau chaude.

Travailler dans une terrine, le beurre et le sucre jusqu'à obtention d'un mélange onctueux.

Incorporer les œufs entiers battus en omelette, puis la farine, les morceaux de fruits confits et les raisins secs avec le rhum et la pincée de sel.
Bien mélanger le tout.

Mêler la levure, délayée dans un peu de lait, aux autres ingrédients.

Couvrir la terrine d'un torchon et laisser reposer une heure.

Beurrer un moule à cake et y verser la pâte qui doit remplir le moule aux trois quart seulement.

Mettre à cuire à four chaud dix minutes et continuer à cuire à four moyen environ trente cinq minutes.

Vérifier la cuisson avec la lame d'un couteau qui doit ressortir sèche.

Démouler le cake chaud et le laisser refroidir avant de le déguster.

Canard nantais aux petits pois

- 1 canard Nantais de 2kg,
- 1 tranche de lard fumé, coupée en petits dés,
- 1,500 kg de petits pois frais,
- 10 petits oignons blancs,
- 2 gousses d'ail,
- 3 carottes détaillées en rondelles,
- 1 bouquet garni (thym, laurier, romarin, sauge, persil),
- 1 pincée de thym effeuillé,
- 2 feuilles de laitue,
- 100 g de beurre,
- 5 cl d'huile,
- 20 cl de vin blanc sec (Muscadet),
- Sel, poivre.

Temps de préparation : 20 min

Temps de cuisson : 1 heure

Nombre de personnes : 6

Difficulté : Assez facile

Vin conseillé : Saint-Véran ou Muscadet

Faire vider le canard en conservant ses abats (foie, gésier).

Flamber et ébarber au besoin la volaille. Saler et poivrer copieusement l'intérieur et y introduire un petit morceau de beurre (20 g), 4 petits oignons blancs, une gousse d'ail, quelques lardons et une pincée de thym effeuillé.

Brider le canard.

Dans une grande cocotte, faire revenir la volaille dans un mélange de beurre (50g) et d'huile, jusqu'à ce qu'elle soit uniformément dorée.

Retirer ensuite le canard de la cocotte.

Jeter la graisse de cuisson.

Mettre dans la cocotte le beurre restant et y faire revenir, à feu vif, en tournant cinq minutes, les petits pois, les rondelles de carottes, les petits oignons, la gousse d'ail et les lardons restants.

Lorsque les petits oignons commencent à se colorer, mouiller avec le Muscadet et un verre d'eau.

Disposer le canard au milieu des petits pois, ajouter le bouquet garni et les feuilles de laitue, saler et poivrer.

Fermer la cocotte et laisser mijoter, à feu doux, cinquante minutes environ, en tournant deux fois et en vérifiant qu'il reste suffisamment de sauce pour que les petits pois ne brûlent pas.

Servir le canard, entouré de ses légumes.

Coq au Riesling

Marinade :
- 1 coq de 2 kg détaillé en 8 morceaux,
- 1 bouquet garni (thym, laurier, estragon),
- 50 cl de Riesling,
- Sel, poivre.

Cuisson :
- 100 g de beurre,
- 250 g de petits champignons de Paris,
- 2 échalotes,
- 5 cl de marc de Riesling,
- 50 cl de Riesling,
- 25 cl de crème fraîche,
- Jus d'un demi citron,
- Sel, poivre.

Temps de préparation : 30 min

Nombre de personnes : 6

Temps de cuisson : 1 heure

Marinade : 24 h

Difficulté : Assez facile

Vin conseillé : Riesling

Préparation de la marinade :

La veille de la préparation, placer dans une terrine les morceaux de volaille avec le bouquet garni, du sel et du poivre.

Mouiller de Riesling jusqu'à ce que les chairs soient totalement recouvertes et laisser mariner vingt quatre heures, en tournant deux fois.

Cuisson :

Faire rissoler, dix minutes, en cocotte les morceaux de coq, égouttés et séchés au torchon, dans soixante dix grammes de beurre, sans laisser dorer.

Ajouter les échalotes, détaillées en menus morceaux et cuire encore cinq minutes.

Flamber avec le marc de Riesling.

Saler et poivrer.

Mouiller avec le Riesling.

Couvrir et laisser mijoter, environ trente cinq minutes.

Entre-temps, préparer les champignons de Paris (les brosser, les laver et ôter la partie terreuse de la queue) et les faire revenir avec le beurre restant, dans une poêle, en y incorporant le jus d'un demi citron.
En fin de cuisson, égoutter les morceaux de coq et les garder au chaud, sur le plat de service.

Faire réduire d'un tiers la sauce restant dans la cocotte, puis ajouter la crème fraîche.
Lier le mélange, à feu doux, cinq minutes environ.

Incorporer les champignons, prolonger la cuisson cinq minutes, sans cesser de tourner.
Prélever les champignons et les disposer autour des morceaux de coq.
Passer la sauce de la cocotte au chinois, puis en napper les viandes.

Servir de préférence avec des spätzele ou des pâtes fraîches.

Escargots de Bourgogne

- 6 douzaines d'escargots.

Court-bouillon :
- 3 litres d'eau,
- 65 cl de vin de Bourgogne aligoté,
- 2 carottes,
- 1 oignon,
- 1 échalote,
- 1 bouquet garni (thym, laurier, persil),
- Sel, poivre.

Beurre d'escargot :
- 300 g de beurre,
- 4 gousses d'ail pilées,
- 1 échalote pilée,
- 3 branches de persil hachées,
- 5 cl de Bourgogne aligoté,
- Poivre.

Temps de préparation : 1 heure

Temps de cuisson : 1 heure

Nombre de personnes : 6

Difficulté : Assez facile

Vin conseillé : Saint-Véran

Faire jeûner les escargots une semaine. Les laver et les placer dans un récipient avant de les saupoudrer abondamment de gros sel et de farine pour les faire dégorger. Bien les laver ensuite jusqu'à ce que toute matière gluante ait disparu.

Faire bouillir trois litres d'eau salée.
Y plonger les escargots, laisser reprendre l'ébullition, puis couper les feux et laisser blanchir huit minutes.

Sortir à l'écumoire.

Plonger dans l'eau froide et égoutter.

Sortir les escargots de leur coquille avec une pique à deux dents (fourchette à escargot).

Cuisson :

Préparer un court-bouillon avec les éléments indiqués en rubrique.
Porter à ébullition, y plonger les escargots séparés de leur coquille et laisser frémir quarante-cinq minutes, en écumant régulièrement.
Entre temps, laver et sécher soigneusement les coquilles.

Préparation du beurre d'escargot :
Bien mélanger les éléments du beurre d'escargot dans un mortier.
Rectifier l'assaisonnement selon goût.

Préparation des escargots :
Bien égoutter les escargots et les sécher au torchon.
Prendre les coquilles, une à une, introduire au fond une grosse noisette de beurre d'escargot, puis l'escargot lui-même et obturer copieusement la coquille avec du beurre d'escargot.
Procéder ainsi pour chaque coquille.

Les disposer sur un plat à escargots.
Mettre à four chaud et servir dès que le beurre devient mousseux et commence à fumer.

Foie gras frais du Périgord

- 1 foie d'oie ou de canard, le plus pâle possible sans que toutefois la couleur ne vire au jaune, le foie parfait sera crème rosé très clair,
- 5 g de sel pour 500 g de foie,
- Poivre blanc,
- 1 cuillère a café de bon Cognac ou Armagnac,
- 1 belle truffe bien brossée,
- 200 g de barde de lard fine.

Temps de préparation : 30 min

Temps de cuisson : 35 min

Se prépare une semaine avant la consommation

Difficulté : Assez facile

Vin conseillé : Sauternes ou Loupiac

Oter le fiel et la peau extérieure du foie, ouvrir délicatement les lobes et retirer les nerfs ainsi que les vaisseaux sanguins qui pourraient s'y trouver.

Saler (respecter scrupuleusement les quantités de sel, le poids de foie à prendre en considération étant celui du foie paré).

Poivrer, mouiller de Cognac ou d'Armagnac et malaxer légèrement avant de tasser le foie dans une terrine.

Placer le tout au frais pendant vingt quatre heures (+ 4° à +6°).

Ce temps écoulé, sortir le foie gras de sa terrine et le pétrir doucement avec encore quelques gouttes de Cognac ou d'Armagnac.

Laisser reposer au frais une heure pendant laquelle vous préparerez la terrine de cuisson en y disposant, au fond et sur les parois, la barde fine qui protégera le foie d'une trop grande chaleur.

Lorsque le foie a retrouvé une consistance bien ferme, le tasser soigneusement dans la terrine de cuisson.

Couper la truffe pelée en dés réguliers puis, avec la lame fine et longue d'un couteau bien tranchant, ouvrir le foie dans le sens de la longueur en son milieu.
Ecarter légèrement les bords de cette ouverture.

Glisser délicatement dans la fente ainsi pratiquée à mi profondeur les morceaux de truffes.
Refermer en tapotant du bout des doigts jusqu'à ce que la surface redevienne lisse.

Couvrir d'un morceau de barde et fermer la terrine.

Cuire au bain-marie, dans le four, pendant trente cinq minutes, l'eau ne devant jamais dépasser 80°.

Gratin dauphinois

- 1 kg de pommes de terre (de préférence Bintje ou Sirtema),
- 500 g de fromage blanc (60% de matière grasse),
- 1 gros oignon découpé en fines lamelles,
- 1 gousse d'ail,
- 2 râpures de muscade,
- Thym effeuillé,
- 1 verre de vin blanc sec, éventuellement une tranche de lard fumé coupée en petits dés,
- Sel, poivre.

Temps de préparation : 10 min

Temps de cuisson : 1h à 1h30 (selon la sorte de pommes de terre utilisées)

Nombre de personnes : 6

Difficulté : Assez facile

Eplucher, laver et sécher les pommes de terre et les découper en fines rondelles. Frotter un plat allant au four avec de l'ail. Beurrer ce plat et y disposer en premier, les oignons en fines lamelles, puis une couche de pommes de terre.

Saler, poivrer, saupoudrer légèrement de thym effeuillé.
Recouvrir d'une couche de fromage blanc.
Ajouter éventuellement quelques petits lardons.

Répéter l'opération (c'est à dire disposer à nouveau une couche d'oignon, une couche de pommes de terre, une couche de fromage blanc, sel, poivre, thym effeuillé et éventuellement petits lardons).
Mouiller avec le vin blanc après avoir disposer la dernière couche de pommes de terre.
Ajouter encore quelques oignons, saler, poivrer.
Disposer en dernier le fromage blanc sur le dessus, saler, poivrer à nouveau et mettre à four moyen au moins une heure.

LANGOUSTE GRILLÉE

- 4 langoustes d'environ 400 g chacune,
- 8 cuillères à café de crème fraîche,
- 1 pincée de thym effeuillé,
- 1 petite échalote hachée,
- 1 pointe de piment de Cayenne,
- 1 cuillère à café de moutarde,
- 1 cuillère à café de liqueur de myrte (ou du Cognac),
- 1 pincée de graines de fenouil,
- Sel et poivre.

TEMPS DE PRÉPARATION : 15 min

TEMPS DE CUISSON : 15 min

NOMBRE DE PERSONNES : 4

Difficulté : Assez facile

Vin conseillé : Muscadet sur Lie ou Figari blanc

Sur une planche, ouvrir les langoustes dans le sens de la longueur, en commençant par faire pénétrer d'un coup sec la lame d'un solide couteau au milieu du coffre de l'animal afin de le tuer instantanément.

Oter la poche à gravier et prélever le corail et les œufs ; les réserver dans un grand bol.

Saler et poivrer légèrement les demi langoustes.

Mélanger la crème fraîche, la moutarde et l'échalote hachée au corail et aux œufs dans le bol.

Ajouter la cuillère à café de myrte, les pincées de thym effeuillé, les graines de fenouil et la pointe de piment de Cayenne.

Fouetter vivement et répartir ce mélange sur les demi langoustes que vous disposerez sur un plat allant au four.

Mettre à cuire à four chaud dix minutes, puis en position gril cinq minutes environ jusqu'à ce que les langoustes deviennent dorées.

Lotte à l'armoricaine

- 1,500 kg de lotte épluchée,
- 3 échalotes,
- 2 gousses d'ail,
- 4 tomates pelées, épépinées et réduites en purée,
- 1 bouquet garni (thym, laurier, persil),
- 1 pincée de poivre de cayenne,
- 1 pincée de paprika,
- 200 g de beurre,
- 5 cl d'huile d'arachide,
- 5 cl de lambig,
- 50 cl de vin blanc sec (Muscadet),
- Sel, poivre.

Temps de préparation : 20 min

Temps de cuisson : 30 min

Nombre de personnes : 6

Vin conseillé : Muscadet sur Lie ou Gros Plant

Difficulté : Assez facile

Découper la lotte en morceaux d'environ cent cinquante grammes.
Les saler et les poivrer.

Les mettre à revenir en cocotte, avec l'huile et cinquante grammes de beurre.
Lorsqu'ils ont pris une couleur dorée, vider l'excédent de graisse et déglacer la cocotte, en flambant avec le lambig.

Ajouter alors, les tomates réduites en purée, les échalotes et les gousses d'ail hachées ainsi que le bouquet garni.

Mouiller avec le vin blanc.

Rectifier l'assaisonnement (sel, poivre, paprika, Cayenne).

Couvrir et laisser mijoter à feu doux vingt minutes environ.

Pendant ce temps, réduire en menus morceaux le beurre de liaison. Au bout des vingt minutes, ouvrir la cocotte, sortir les morceaux de lotte, les disposer sur un plat creux et les garder au chaud.

Faire réduire d'un tiers, à feu doux, la sauce de la cocotte, puis lier celle-ci, en fouettant avec les petits morceaux de beurre préalablement préparés. Lorsque la sauce devient crémeuse, vérifier à nouveau l'assaisonnement et en napper les morceaux de lotte.

Servir avec, soit un riz blanc parfumé à la vanille, soit des petites pommes de terre cuites à l'eau.

Magrets de canard aux girolles

- 3 magrets de canard, d'environ 300 g,
- 1 échalote hachée,
- 1 gousse d'ail hachée,
- 1 branche de persil hachée,
- 2 pincées de thym effeuillé,
- 50 g de beurre,
- 1 cuillère à soupe d'huile d'arachide,
- 10 cl de crème fraîche,
- Sel, poivre.

Temps de préparation : 15 min

Temps de cuisson : 10 min

Nombre de personnes : 6

Vin conseillé : Bergerac

Difficulté : Assez facile

Faire revenir les magrets, préalablement salés, poivrés et saupoudrés de thym effeuillé, dans une poêle légèrement huilée, jusqu'à ce qu'ils soient dorés de chaque côté, l'intérieur des magrets devant resté rosé.

Les préserver au chaud.

Entre-temps, faire revenir, dans une autre poêle, avec un mélange de beurre et d'huile, les girolles, salées et poivrées, jusqu'à ce qu'elles rendent leur eau.

Ajouter alors, l'échalote, l'ail et le persil hachés.

Saupoudrer de thym effeuillé.

Oter la graisse de la poêle.
Incorporer la crème fraîche et servir les magrets, accompagnés de girolles, sur assiettes chaudes.

Moules marinières

- 3 kg de moules de bouchot, grattées et lavées avec soin,
- 6 gousses d'ail,
- 3 échalotes,
- 2 oignons,
- 3 branches de persil,
- 1 bouquet garni (thym, laurier, estragon),
- 50 g de beurre demi-sel,
- 75 cl de vin blanc sec (Muscadet ou GrosPlant)
- Sel si nécessaire
- Poivre.

Temps de préparation : 15 min

Temps de cuisson : 10 min

Nombre de personnes : 6

Vin conseillé : Muscadet ou Gros Plant

Difficulté : Facile

Placer les moules dans un grand faitout. Les poivrer copieusement et éventuellement les saler légèrement.

Les saupoudrer d'ail et d'échalotes, d'oignons et de persil (le tout ayant été au préalable finement haché).

Ajouter le bouquet garni.
Verser le vin blanc.

Couvrir et laisser cuire, à feu vif, pendant huit minutes, puis incorporer le beurre en petits morceaux.

Replacer, à feu vif, pendant cinq minutes encore.

Retirer le bouquet garni et servir les moules, avec leur jus, dans des assiettes creuses, préalablement chauffées.

Poires Belle Hélène

Glace à la vanille :

- 20 cl de lait entier,
- 15 cl de crème fraîche,
- 4 jaunes d'œufs,
- 65 g de sucre en poudre,
- 1 cuillère à soupe d'extrait de vanille liquide.

Pour les poires :

- 6 poires,
- 120 g de sucre en poudre,
- 120 g de chocolat noir,
- Amandes effilées,
- Crème chantilly.

TEMPS DE PRÉPARATION

20 min

(+ 15 min pour la glace à la vanille)

NOMBRE DE PERSONNES

6

Difficulté : Facile

Pour la glace à la vanille :

Déposer dans le congélateur le bol de la sorbetière ou bac à glace la veille de la préparation.

Mettre dans un bol les jaunes d'œufs, le sucre et la vanille liquide. Battre au mixer jusqu'à ce que le mélange blanchisse.

Mélanger la crème fraîche à la préparation.
Faire chauffer doucement le lait et l'incorporer petit à petit au mélange précédent.
Verser la crème ainsi préparée dans une casserole.
La faire épaissir deux minutes à feu moyen sans laisser bouillir.

Laisser refroidir la préparation au réfrigérateur avant de mettre à glacer au congélateur soit dans la sorbetière, soit dans un bac à glace au moins trois heures.

Pour les poires :

Faire cuire les poires entières épluchées (garder la queue) dans une casserole d'eau avec le sucre pendant vingt minutes.

Les poires une fois cuites seront devenues tendres. Dans une deuxième casserole, faire fondre le chocolat avec un filet d'eau.

Disposer dans chaque coupe deux boules de glace à la vanille.
Placer au centre la poire cuite (on peut éventuellement la remplacer par une poire au sirop).

Verser dessus du chocolat fondu.
Recouvrir de crème chantilly et de quelques amandes effilées.

Servir avec des gaufrettes ou des tuiles.

Pommes de terre à la lyonnaise

- 1 kg de pommes de terre épluchées et détaillées en rondelles épaisses (Bintje ou Sirtema),
- 3 oignons, découpés en lamelles épaisses,
- 1 branche de persil hachée,
- 1 petite gousse d'ail hachée,
- Thym effeuillé,
- 1 feuille de laurier,
- 100 g de beurre,
- 2 cuillères à soupe d'huile d'arachide,
- 1 cuillère à soupe de moutarde forte,
- 1 tranche de lard fumé, coupée en petits dés,
- 15 cl de crème fraîche,
- 15 cl de vin blanc sec,
- Sel, poivre.

Temps de préparation : 15 min

Temps de cuisson : 30 min

Nombre de personnes : 6

Difficulté : Facile

Dans un caquelon avec couvercle, pouvant aller au four, faire revenir dix minutes, à feu doux, dans le mélange de beurre et d'huile, les pommes de terre, puis les oignons.

Saler et poivrer.

Ajouter les lardons et la crème fraîche.

Chauffer quelques instants, puis mouiller avec le vin blanc sec, dans lequel vous aurez fait dissoudre une cuillère à soupe de moutarde forte. Incorporer l'ail et le persil hachés, la feuille de laurier et le thym effeuillé. Fermer et cuire à four moyen, trente minutes, en tournant délicatement deux fois.

Piquer les pommes de terre pour contrôler leur cuisson, qui peut varier d'une espèce à l'autre.

Poulet à l'estragon

- 1 poulet de 2 kg,
- 1 petit bouquet d'estragon,
- 2 oignons blancs,
- Thym effeuillé,
- 20 cl de crème fraîche,
- 80 g de beurre,
- 3 cuillères à soupe d'huile d'arachide,
- 5 cl de Cognac,
- Sel,
- Poivre.

Temps de préparation : 10 min

Temps de cuisson : 1 heure

Nombre de personnes : 6

Vin conseillé : Saint-Véran ou Beaujolais

Difficulté : Facile

Garnir l'intérieur du poulet d'un morceau de beurre, d'un quart du bouquet d'estragon, d'un oignon blanc coupé en morceaux, d'une pincée de thym effeuillé, de sel et de poivre.
Huiler l'extérieur de la volaille au pinceau, le saler, le poivrer et le saupoudrer de thym effeuillé.

Faire revenir le poulet en cocotte, dans un mélange de beurre et d'huile. Y adjoindre un oignon, lorsque le poulet commence à peine à dorer, puis flamber avec le Cognac dès qu'il devient bien doré.
Ajouter deux verres d'eau et le reste de l'estragon.

Laisser cuire quarante minutes environ en retournant deux fois.
Sortir le poulet de la cocotte, le découper en huit morceaux.

Faire réduire de moitié le jus restant dans la cocotte.
Incorporer alors la crème fraîche en fouettant vivement.

Replacer les morceaux de poulet dans la cocotte.
Laisser mijoter dix minutes à feu doux et servir chaud.

- 300 g de farine de froment,
- 150 g de beurre,
- 8 g de sel fin,
- 5 œufs entiers,
- 250 g de fromage blanc à 60% de matière grasse,
- 200 g de lard fumé coupé en petits dés,
- 1 tranche épaisse de 150 g de jambon torchon, coupée en petits dés,
- 1 pincée de thym effeuillée,
- 1 petit oignon, réduit en purée,
- 1 râpure de noix de muscade,
- Sel et poivre.

QUICHE LORRAINE

TEMPS DE PRÉPARATION

- **30 mn** dont 15 mn pour la pâte

TEMPS DE CUISSON

- **50 min** dont 20 mn pour la pâte

NOMBRE DE PERSONNES

- Vin conseillé : Chablis ou Saint-Véran

- Difficulté : Facile

La pâte : placer la farine dans une terrine.

Creuser en son centre une fontaine et y placer le beurre ramolli (en menus morceaux), le sel et un œuf battu.

Mélanger délicatement les éléments petit à petit du bout des doigts.
Lorsque ceux-ci sont mêlés, former une boule de pâte, puis la fraiser (cette opération consiste à travailler la pâte dans la paume des mains par petits morceaux afin de la rendre bien lisse).
Ajouter éventuellement un peu d'eau.
Faire ensuite une grosse boule de pâte et laisser reposer au frais pendant quelques heures dans un linge légèrement fariné.

La quiche : dans une jatte, mélanger quatre œufs battus en omelette, le fromage blanc, les petits dés de lard fumé et de jambon, la purée d'oignon la râpure de noix de muscade, la pincée de thym effeuillé, le sel et le poivre.

Etendre la pâte (celle-ci devant être d'un demi centimètre d'épaisseur). En garnir un moule à tarte au préalable copieusement beurré. Piquer le fond à la fourchette et cuire à four moyen pendant vingt minutes.

Lorsque votre pâte brisée est cuite, verser la garniture précédemment préparée en répartissant bien les petits lardons et les petits dés de jambon.

Remettre à four moyen pendant une demi-heure environ, la surface devant prendre une belle couleur dorée.

Servir brûlant avec une salade verte.

Ris de veau aux petits légumes, tagliatelles fraîches et truffes

- 500 g de ris de veau bien épluché,
- 2 belles carottes nouvelles, épluchées et émincées,
- 2 petits navets nouveaux, épluchés et émincés,
- 1 petit blanc de poireau coupé en rondelles d'1/2 cm d'épaisseur,
- 3 petits oignons blancs hachés,
- 1 belle gousse d'ail rose de Lautrec hachée,
- 25 cl de bourgogne aligoté,
- 10 cl de vinaigre blanc,
- Thym effeuillé,
- 1 bouquet garni (laurier, romarin),
- Sel, poivre,
- 150 g de tagliatelles fraîches,
- 1 petite truffe confite à l'Armagnac,
- 2 cl d'Armagnac de conservation des truffes,
- 15 cl de crème fraîche,
- 30 g de beurre,
- 2 cuillères à soupe d'huile de pépins de raisin.

Temps de préparation : 15 min

Nombre de personnes : 4

Temps de cuisson :
- Blanchiment du ris de veau : 3 minutes
- Cuisson du ris de veau 5 minutes
- Cuisson des tagliatelles : 3 minutes

Dans une casserole contenant 150 cl d'eau mélangée à 10 cl de vinaigre blanc, portée à ébullition et encore frémissante, laisser blanchir trois minutes les ris de veau.

Lorsque le temps de cette opération sera écoulé, les sortir et les débarasser des membranes et des peaux que le blanchiment a fait se contracter et rendues visibles. Les trancher ensuite en portions égales et les réserver dans l'attente de la préparation du court bouillon.

Mettre dans une grande casserole, 100 cl d'eau et 25 cl de vin blanc, saler, poivrer modérément et agrémenter d'une petite pincée de thym effeuillé, d'une feuille de laurier et d'une brindille de romarin.

Incorporer les carottes et les navets nouveaux émincés, les rondelles de blanc de poireau, les oignons blancs et l'ail hachés.

Porter à ébullition et laisser frémir dix minutes.

Lorsque le court-bouillon est prêt, ôter la feuille de laurier et le romarin et y pocher les morceaux de ris de veau pendant cinq minutes, puis les sortir du court bouillon et les égoutter soigneusement.

Mettre les tagliatelles à cuire trois à quatre minutes dans le court bouillon, en veillant à ce qu'elles restent encore un peu fermes.

Entre-temps faire dorer doucement, dans le mélange de beurre et d'huile de pépins de raisin, les ris de veau, légèrement salés et poivrés, dans une poêle en fonte (suffisamment profonde pour y contenir les pâtes et les ris de veau).

Lorsqu'ils sont légèrement dorés, les réserver au chaud, sur un papier absorbant.

Conserver le jus de cuisson contenu dans la poêle pour achever le plat. Entre-temps émincer finement la truffe.

Lorsque les pâtes sont cuites, les égoutter et les incorporer dans la poêle contenant le jus de cuisson du ris de veau.

Ajouter la crème fraîche, la truffe émincée et les 2 cl d'Armagnac.

Tourner délicatement les tagliatelles, en chauffant doucement quelques instants pour bien mélanger le tout.

Disposer régulièrement sur le dessus, les morceaux de ris de veau, gardés au chaud, les napper légèrement d'un peu de crème contenue dans la poêle et servir rapidement.

Rougets Grillés

- 6 rougets barbet d'environ 300 g,
- 1 pincée de thym effeuillé,
- 1 pincée de romarin effeuillé,
- Huile d'olive,
- 30 g de beurre,
- Sel, poivre.

Temps de préparation : 10 min

Temps de cuisson : 8 min

Nombre de personnes : 6

Vin conseillé : Tavel

Vider et écailler les poissons, en réservant les foies que vous mettrez de côté.
Ne pas laver les poissons, mais les essuyer soigneusement, intérieurement et extérieurement au torchon.
Les badigeonner d'huile d'olive.

Saler, poivrer, saupoudrer de thym et de romarin, le tout également intérieurement et extérieurement.
Placer sur le gril (les braises ou la source de chaleur devant être, de préférence, sous les poissons).
Griller chaque côté environ quatre minutes.

Lorsque vous aurez retourné les poissons, disposer sur chacun un foie préalablement épicé.
Si vous ne disposez pas d'un barbecue ou d'un gril, chauffer dans une poêle de l'huile d'olive et y mettre à cuire les rougets, quatre minutes de chaque côté.

Les disposer sur un plat de service chaud.

Vider l'huile restante et déglacer la poêle avec un morceau de beurre fondu dans lequel vous faites revenir en les écrasant les foies épicés que vous avez réservés.

Répartir le tout sur chaque poisson et servir chaud, avec de préférence des tranches de pain, frites à l'huile d'olive et légèrement frottées d'ail.

Salade au fromage de chèvre chaud

- 300 g de salade mélangée (scarole, trévise, frisée),
- 2 petits oignons blancs hachés,
- 2 crottins de chèvre,
- 4 tranches de pain de mie coupées en biais,
- 60 g de beurre,
- 20 cerneaux de noix,
- Ciboulette,
- 4 cuillères à soupe d'huile de noix (ou d'arachide),
- 2 cuillères à soupe de vinaigre de vin,
- 1 cuillère à soupe de moutarde,
- Sel et poivre.

Temps de préparation : 15 min

Temps de cuisson : 12 min

Nombre de personnes : 4

Difficulté : Facile

Mettre les crottins de chèvre enveloppés dans une feuille de papier d'aluminium, à four chaud, pendant 12 minutes (les retourner au bout de 7 minutes).

Les sortir du four et les couper en deux.

Faire frire les tranches de pain de mie dans une poêle avec du beurre.

Mélanger dans un saladier, la moutarde, l'huile, le vinaigre, la ciboulette, les oignons hachés, le sel et le poivre.

Incorporer la salade et les cerneaux de noix et tourner délicatement.

Ajouter les tranches de pain de mie frites et les demi crottins.

Salade montagnarde

- 200 g de salade mélangée (frisée, roquette, trévise, romaine),
- 2 œufs,
- 1 verre de vin blanc,
- 80 g de jambon crû de montagne,
- 1 tranche de lard fumé coupé en petits dés,
- 8 rondelles de saucisse fumée,
- 80 g de tomme de Savoie coupée en petits carrés,
- 12 cerneaux de noix,
- 2 tomates cerises pour la décoration,
- 4 petits croûtons de pain frits,
- 80 g de beurre,
- 4 cuillères à soupe d'huile de noix (ou d'arachide),
- 2 cuillères à soupe de vinaigre de vin,
- 1 cuillère à soupe de crème fraîche,
- 1 cuillère à soupe de moutarde,
- Ciboulette,
- Sel et poivre.

Temps de préparation : 20 min

Cuisson des oeufs : 3 min

Nombre de personnes : 2

Difficulté : facile

La sauce : placer dans un bol la moutarde et la crème fraîche.
Délayer petit à petit avec l'huile.
Incorporer le vinaigre, le sel, le poivre et la ciboulette.

La salade : Garnir des assiettes individuelles de salade mélangée au préalable lavée et séchée.
Arroser les feuilles de salade d'un peu de sauce, le reste devant être servi en saucière.

Disposer au dessus de la salade, en les alternant, des petites tranches de jambon crû, des dés de lard fumé, des rondelles de saucisse, des petits carrés de fromage, des cerneaux de noix et des petits croûtons frits au beurre.

Décorer avec les petites tomates cerises.

Ajouter, juste avant de servir, les œufs pochés 3 minutes dans une casserole d'eau frémissante, dans laquelle vous aurez ajouté un verre de vin blanc, du sel et du poivre.

Sardines crues confites au citron

- 6 belles sardines (ou 12 petites),
- 3 rondelles de citron,
- Jus de 2 citrons,
- 1 oignon blanc,
- Thym effeuillé,
- Aneth ciselé,
- 1 clou de girofle,
- Huile d'olive,
- Quelques rondelles de cornichons émincés très fin,
- Quelques graines de moutarde,
- Sel et poivre.

Temps de préparation : 10 min

Nombre de personnes : 2

(Laisser confire 12 h avant de servir)

Vin conseillé : Gros Plant

Difficulté : Facile

Ecailler et vider les sardines.
Ne pas les laver, mais les essuyer au torchon (ou papier absorbant).

Les placer dans une terrine, les saler et les poivrer.

Les parsemer de thym effeuillé et d'aneth ciselé.

Ajouter l'oignon blanc, émincé finement, quelques graines de moutarde, les rondelles de cornichon et un clou de girofle.

Les arroser du jus de deux citrons entiers.

Les recouvrir d'huile d'olive et les laisser confire, au moins douze heures, en les retournant une fois.

Les décorer de rondelles de citron avant de servir.

Soupe à l'oignon gratinée

- 500 g d'oignons roux émincés,
- 1 grosse pomme de terre, coupée en huit,
- 250 g de gruyère râpé,
- 1 bouquet garni (thym, laurier),
- 25 g de beurre,
- 4 cuillères d'huile d'arachide,
- sel,
- poivre,
- 1 demi pain détaillé en tranches et grillé
- Eventuellement un verre de vin blanc sec.

Temps de préparation : 15 min

Temps de cuisson : 40 min

Nombre de personnes : 6

Vin conseillé : Chablis ou Sancerre blanc

Difficulté : Assez facile

Faire revenir les oignons, à feu doux, dans une marmite en fonte, dans un mélange de beurre et d'huile, jusqu'à obtention d'une belle couleur dorée.

Mouiller ensuite d'un litre et demi d'eau bouillante.

Incorporer les morceaux de pomme de terre.
Saler, poivrer.

Laisser frémir vingt minutes avec le bouquet garni.
Oter les morceaux de pommes de terre et les réduire en purée avant de les réincorporer à la soupe.

Placer l'ensemble dans un plat à gratin.
Disposer dessus les tranches de pain grillé.
Parsemer copieusement de gruyère râpé et gratiner, à four moyen, pendant vingt minutes sans laisser trop colorer.

Tarte aux fraises

Pour la pâte brisée :
- 300 g de farine,
- 150 g de beurre,
- 1 cuillère à soupe de sucre en poudre,
- 1 œuf entier battu,
- 10 g de sel fin.

Pour la tarte :
- 130 g de sucre en poudre (dont 80 g pour le flan et 50 g pour le sirop de garniture),
- 2 œufs entiers,
- 10 cl de lait,
- 1 pincée de sel,
- 1 pincée de vanille naturelle en poudre,
- 750 g de fraises.

Temps de préparation : 30 min

Temps de cuisson : 30 min (y compris le temps de cuisson de la pâte brisée)

Difficulté : Assez facile

Pour 6 Personnes

Pour la pâte brisée : Placer la farine dans une terrine.

Creuser en son centre une fontaine et y mettre le beurre ramolli en menus morceaux, le sucre, le sel et l'œuf battu.

Mélanger délicatement les éléments du bout des doigts.

Lorsque ceux-ci sont mêlés, former une boule de pâte, puis la fraiser (cette opération consiste à travailler la pâte dans la paume des mains par petits morceaux afin de la rendre lisse).

Ajouter éventuellement un peu d'eau

Rassembler les pâtons ainsi obtenus, puis recommencer l'opération précédente.

Faire ensuite une grosse boule de pâte et laisser reposer au frais pendant quelques heures dans un linge légèrement fariné.

Saupoudrer de farine une planche à pâtisserie et y étaler la pâte jusqu'à obtention d'une abaisse d'un demi centimètre d'épaisseur.

Beurrer soigneusement un moule à tarte et y disposer la pâte.

Piquer le fond régulièrement avec les dents d'une fourchette et saisir, à four moyen, pendant vingt minutes.

Pour la tarte : Battre les œufs au fouet avec le lait, la vanille, quatre vingt grammes de sucre et une pincée de sel.
Lorsque la pâte brisée a durci, verser l'appareil à flan sur celle-ci et remettre au four dix minutes jusqu'à ce que le mélange prenne la consistance d'un flan sans toutefois dorer.

Laver les fraises, les égoutter soigneusement et ôter leur queue.
Couper en deux les plus grosses et les répartir harmonieusement à la surface du flan.

Utiliser le reste de fraises pour préparer un sirop en écrasant celles-ci dans une casserole avec cinquante grammes de sucre.
Faire fondre à feu doux jusqu'à léger frémissement.
Passer au chinois et badigeonner les fraises de la tarte avec ce mélange.
Cette recette peut être utilisée pour la tarte aux framboises.

Tarte chaude aux pommes

Pour la pâte brisée à la poudre d'amandes :
- 200 g de farine de froment,
- 100 g de poudre d'amandes,
- 150 g de beurre,
- 1 cuillère à soupe de sucre en poudre,
- 1 œuf entier battu,
- 15 à 20 cl d'eau,
- 8 à 10 g de sel fin.

Pour la tarte :
- 2 kg de pomme rustiques dont 1kg de pommes coupées en tranches régulières et 1kg préparées en compote fondue au beurre (avec 100 g de beurre, 150 g de sucre et 1 gousse de vanille),
- 50 g de sucre,
- 10 cl de Calvados,
- 25 cl de crème fraîche,
- 1 jaune d'œuf battu.

Temps de préparation : 40 min

Temps de cuisson : 50 min (y compris le temps de cuisson de la pâte brisée)

Difficulté : Assez facile

Vin conseillé : Champagne

Pour 6 à 8 Personnes

Pour la pâte brisée à la poudre d'amandes : Placer les différentes farines dans une terrine, y creuser au centre une fontaine et y placer le beurre ramolli (en menus morceaux), le sucre, le sel, l'œuf battu puis l'eau.

Mélanger délicatement les éléments petit à petit du bout des doigts.

Lorsque l'intégralité des farines est mêlée aux autres éléments, faire une boule de pâte, puis la fraiser (cette opération consiste à travailler la pâte dans la paume des mains par petits morceaux afin de la rendre bien lisse). Ajouter éventuellement un peu d'eau
Rassembler les pâtons obtenus, puis recommencer l'opération précédente. Faire ensuite une grosse boule de pâte et laisser reposer au frais pendant quelques heures dans un linge légèrement fariné.

Pour la tarte : Etaler la pâte sur une planche à pâtisserie légèrement farinée jusqu'à obtention d'une abaisse d'un demi-centimètre d'épaisseur.
Beurrer soigneusement le moule à tarte et y disposer la pâte.
Piquer le fond régulièrement avec les dents d'une fourchette et saisir à four moyen pendant vingt minutes.
Sortir et garnir de la compote, puis des tranches de pommes disposées en cercles concentriques.
Terminer le centre par un morceau de pomme ciselé en forme de bille.
Arroser de cinq centilitres de Calvados tiédi, puis flamber.

Humecter les rebords avec un jaune d'œuf battu, puis cuire à four chaud trente minutes.
Entre-temps, préparer un caramel blond avec cinquante grammes de sucre.

Le parfumer avec cinq centilitres de Calvados.
Lorsque la tarte est cuite et bien dorée, la napper de caramel et la servir avec une jatte de crème fouettée.

Tournedos quercynois

- 6 tournedos de filet de tranche de 150 g,
- 250 g de foie gras truffé,
- 30 g de graisse d'oie,
- Sel, poivre.

Temps de préparation : 5 min

Temps de cuisson : 6 min

Nombre de personnes : 6

Vin conseillé : Grand Bordeaux rouge (St Emilion)

Difficulté : Facile

Faire chauffer une poêle à griller et la garnir copieusement de graisse d'oie.

Saisir les tournedos, à feu vif et les cuire trois minutes de chaque côté (en les retournant deux fois).

Les disposer sur des assiettes chaudes, garnies de salade et de pommes rissolées.

Placer sur les tournedos, au moment de servir, une tranche de foie gras d'un centimètre d'épaisseur.

Tripes à la mode de Caen

Ingrédients :

- 1 kg de gras double, blanchi et coupé en petits carrés,
- 2 pieds de veau, fendus et coupés,
- 6 oignons,
- 3 carottes coupées en rondelles,
- 1 bouquet garni (thym, laurier, persil),
- 2 gousses d'ail,
- 1 litre de cidre brut,
- 10 cl de Calvados,
- 100 g de farine,
- 4 clous de girofle,
- 3 cuillères à soupe d'huile d'arachide,
- Quelques pincées de "quatre épices",
- Sel, poivre.

Nombre de personnes : 6

Temps de cuisson : 2 heures

Difficulté : Assez difficile

Vin conseillé : Muscadet sur Lie ou Sancerre blanc

Faire revenir les oignons et l'ail haché, puis les carottes, en cocotte, dans l'huile.
Dès que les oignons deviennent transparents, ajouter le gras double et les pieds de veau en remuant, avec une cuillère en bois, pour bien répartir les morceaux.

Saler et poivrer, puis incorporer les clous de girofle, le bouquet garni et les pincées de "quatre épices".
Arroser de Calvados et flamber.
Recouvrir de cidre.

Bien remuer, à feu doux, jusqu'à ébullition et laisser frémir cinq minutes environ.

Réaliser une pâte épaisse avec de la farine et de l'eau, couvrir la cocotte et sceller le couvercle avec cette pâte.

Placer la cocotte, au four, à feu doux, pendant huit heures.(ou seulement deux heures, si vous avez utilisé du gras double déjà cuit).

En fin de cuisson, ôter les os et le bouquet garni et servir dans des assiettes très chaudes.

Velouté de potiron

- 1,500 kg de potiron de préférence à peau orange,
- 1 oignon,
- 2 cuillères à soupe de crème fraîche,
- Quelques grains de poivre,
- 1 petite pincée de piment de Cayenne,
- 75 cl de lait,
- Sel,
- Poivre,
- Paprika,
- 1 branche de thym.

Temps de préparation : 10 min

Temps de cuisson : 20 min (ou 6 minutes en autocuiseur)

Nombre de personnes : 6

Difficulté : Facile

Eplucher votre potiron et le détailler en gros dés.

Saler légèrement et le mettre à cuire à la vapeur avec l'oignon, les grains de poivre et la branche de thym, pendant vingt minutes ou six minutes à l'autocuiseur.

Egoutter, retirer la branche de thym, les grains de poivre et l'oignon que vous jetez.

Passer au presse purée ou au mixer, en délayant avec le lait.

Placer à feu doux.

Rectifier l'assaisonnement (paprika, sel, poivre et autres épices selon goût) et servir chaud, après avoir incorporé au dernier moment la crème fraîche.